おぼんdeごはん
公式おうちレシピ

おぼん de ごはん
OBON de GOHAN

株式会社ビー・ワイ・オー
おぼんdeごはん　著

ワニブックス

「おぼんdeごはん」は、おかず、ごはん、おみそ汁、お漬物というおなじみの献立を、気軽に楽しめる定食カフェ。お肉やお魚、野菜をたっぷり使ったヘルシーな料理を、おぼんいっぱいにのせて提供しています。

　おかずは、栄養バランスのいい和食の定番料理が中心。素材選びにこだわり、調理の工程に「ひと手間、ひと工夫」を加えて店内で手作りしているのが特徴です。

　そんなこだわりが愛され、全国に40店舗以上展開するおぼんdeごはん初のレシピ本を、お届けすることになりました。

　本書には「定番メニュー」「人気メニュー」「季節限定メニュー」、そして惜しまれつつ販売終了した「復刻メニュー」のレシピを掲載しました。ご家庭にある調理器具や調味料で作りやすいようアレンジを加えつつ、おぼんdeごはんレシピならではの「ひと手間、ひと工夫」を、豊富な写真を添えて丁寧にご紹介。誰でも手軽に、おぼんdeごはんの味を再現できるレシピとなっています。

　また、メニューごとにこだわりや開発の裏話も公開。おぼんdeごはんファンのみなさまに喜んでいただける情報を詰め込みました。

　おいしくて楽しい食事の時間は、心とからだを幸せで満たし、元気にしてくれます。

　ご自身をいたわり、家族みんなが笑顔になれる。そんな食事の時間づくりに、本書を役立てていただけたら、こんな幸せなことはありません。

　彩り豊かで栄養バランス抜群の「おぼんdeごはん」の味を、ぜひご家庭でお楽しみください。

もくじ

ボリュームたっぷりお肉のおかず

みんな大好きお魚のおかず

ささっと作って食べるどんぶり&だし茶漬け

からだにやさしいごちそううどん

本書のレシピの表記について

【計量について】
・大さじ1は15㎖、小さじ1は5㎖です。

【火かげんと電子レンジの加熱について】
・火かげんは、特に表記がない場合は「中火」です。
・電子レンジの加熱時間は、600Wの場合の目安です。500Wの場合は、1.2倍を目安に調整してください。
・電子レンジは、機種によって加熱時間やラップの使用法などが異なるので、お使いの機種の取扱説明書にしたがい、様子を見ながら調節してください。

【だしについて】
・市販のだしパック(無添加)や和風だし(顆粒・無添加)などを使う場合は、パッケージの表示通りに煮出したり溶かすなどしてご用意ください。

【水溶き片栗粉について】
・水と片栗粉を2対1の割合で溶いたものを使用しています。

【野菜などの下ごしらえ】
・野菜類などは、特に表記がない場合、洗う、皮をむくなどの作業をすませてからの手順を説明しています。

【栄養価計算について】
・算出したエネルギー、たんぱく質、脂質、糖質、食物繊維、食塩相当量は、ごはん、みそ汁、副菜などは含まない1人分のおおよその数値です。汁やたれについては、口に入る分量を想定し、計算しています。
・店舗で提供しているメニューの栄養価とは差異があります。

 **おぼん de ごはん** は、カフェスタイルの定食屋。

主菜、副菜、サラダ、ごはん、お味噌汁、お漬物という、
栄養バランス抜群の定食を、おぼんでご提供しています。
お肉やお魚を使ったメインのおかず、丼ものやうどんなど、メニューはバリエーション豊富。
さらに大根おろしや温泉卵のトッピングを追加できたり、
五穀ひじきごはんか白ごはんを選べるなど、
オリジナルの「おぼん」にアレンジすることもできます。
メニュー選びの楽しさを満喫しつつ、
バランスのいい献立をお召し上がりいただけます。

副菜

おぼん de ごはんのポテトサラダは、甘さとしっとりした食感が特徴。その極意と、アレンジアイディアを本書でご紹介！

副菜

日ごろ不足しがちな、野菜や海藻がたっぷり！　ボリューム面でも、栄養バランス面でも、おいしく食事をサポートします。

ごはん

おぼん de ごはんでは、白ごはんか五穀ひじきごはんを選べます。おかわり自由なので、両方の味を楽しむ人も！

選べるごはん
白ごはん、または味付きの五穀ひじきごはんが選べます。

白ごはん　　　　五穀ひじきごはん

メインのおかず

お肉やお魚はもちろん、うどんや丼、だし茶漬けなど、さまざまなメニューがズラリ。何度足を運んでも飽きないラインナップとなっています。

サラダ

にんじんや玉ねぎなど、たっぷりの野菜をすりおろしたドレッシングを使用。「おうちで食べたい」という声にお応えして商品化したほど、人気のお味です。

お味噌汁

だしがきいた化学調味料不使用のお味噌汁。これだけでもごはんが進みます。おぼん de ごはんでは、お味噌汁もおかわり自由です。

お漬物

ごはんのお供として、定食には欠かせないお漬物もセット。お漬物の野菜には、ビタミンやミネラルがたっぷりです。

メインのおかずやごはんに
"食べたい"をトッピング！

ごはんやおかずにちょこっと足して、自由にカスタマイズできるように、さまざまなトッピングをご用意しています。おぼんの定食と相性のいいものばかり。一人ひとりの"食べたい"に寄り添います。

温泉たまご

釜揚げしらす

漬け鮪と山形だし

お肉の定食
第1位

豚肉のすりおろし野菜ソース

ソースにはすりおろし野菜がたっぷり!
お肉も野菜もバランスよく食べられます

材料(2人分)

豚ロース厚切り肉	2枚(240〜300g)
塩、こしょう	各少々
小麦粉	適量
サラダ油	適量

A (すりおろし野菜ソース)

玉ねぎ(すりおろし)	50g
にんじん(すりおろし)	25g
大根おろし	25g
おろしにんにく	小さじ1/4
おろししょうが	小さじ1/4
しょうゆ	大さじ1と1/3
酒	大さじ1
はちみつ	小さじ2
中濃ソース	小さじ1
塩	ひとつまみ
酢	小さじ2
オリーブ油	大さじ1
キャベツ、ズッキーニ、トマト	お好みで

作り方

1 耐熱容器に**A**を入れて混ぜ合わせ、電子レンジ(600W)で2分加熱する。

2 豚肉は脂身に包丁で切り込みを入れて筋切りをし、塩、こしょうをふって小麦粉をまぶす。フライパンに油を熱し、こんがりするまで焼く。ひっくり返し、ふたをして約2分焼く(a)。

3 食べやすい大きさに切って器に盛り、1のすりおろし野菜ソースをかける。お好みでゆでキャベツ、焼きズッキーニ、トマトを添える。

おぼん de ひと工夫

(a) 豚肉は火を入れすぎるとかたくなります。余熱で火を入れ、焼きすぎないようにしましょう。

 **麦富士豚のすりおろし野菜ソース**

お店のサラダに使っている「すりおろし野菜ドレッシング」をソースにアレンジ。お肉によく合うさっぱり味が人気です。

（1人分）	492 kcal
たんぱく質	25.9g
脂質	34.8g
糖質	17.5g
食物繊維	3.0g
食塩相当量	2.7g

鶏の南蛮揚げ 味噌タルタル

大きめから揚げに、しば漬け入りのみそタルタル!
和の食材と相性抜群のタルタルレシピもチェック

材料(2人分)

鶏もも肉	大1枚(300〜400g)

A

鶏がらスープの素(顆粒)	小さじ3
おろしにんにく	小さじ3/4
ごま油	大さじ2
酒	大さじ1
しょうゆ	小さじ1/2

B(南蛮だれ)

しょうゆ	大さじ2
レモン汁	大さじ2
酢	大さじ1
七味とうがらし	ひとつまみ
砂糖	大さじ2

C(味噌タルタルソース)

マヨネーズ	80g
砂糖	小さじ2
みそ	小さじ2
しょうゆ	小さじ1
玉ねぎ(みじん切り)	15g
しば漬け(みじん切り)	15g
ゆで卵(12分ゆで・粗みじん)	1個

片栗粉	適量
揚げ油	適量
ブロッコリー、こねぎ	お好みで

作り方

1 鶏肉は食べやすい大きさに切る。ボウルに**A**を混ぜ合わせ、鶏肉を入れてもみ込む。

2 鍋に**B**を入れ、火にかけてよく混ぜる。煮立ったら火を止める。

3 **1**の鶏肉に片栗粉をまぶし、180℃に熱した揚げ油で3〜4分色よく揚げる。油をきり、**2**の南蛮だれに入れてからめる。

4 器に盛って混ぜ合わせた**C**をかけ、お好みで、ゆでたブロッコリーを添え、こねぎを散らす。

おぼん de ひと工夫

タルタルソースは、明太子や梅干しなど、ほかの和食材とも相性抜群。工夫次第で、バリエーションが広がります。(P.18参照)

おぼんごはん 鶏の南蛮揚げ 味噌タルタル

2008年開店当時から人気のロングセラーメニュー！タルタルは白みそにしば漬けを加えて、まろやかソースに仕上げています。

(1人分)	**539 kcal**
たんぱく質	35.0g
脂質	38.3g
糖質	16.4g
食物繊維	2.0g
食塩相当量	6.3g

びんちょうまぐろの レアカツ おろしぽん酢

**外はサクサク、中はしっとりジューシー。
ひと口ごと、違ったおいしさを楽しめます**

材料（2人分）

びんちょうまぐろ（刺し身用・さく）
.... 2枚（約200g）
塩、こしょう............................ 各少々
小麦粉............................ 適量
溶き卵............................ 適量
パン粉（粗目）............................ 適量
揚げ油............................ 適量
A（おろしぽん酢）
　ポン酢しょうゆ............... 大さじ4
　大根おろし............... 40g
ズッキーニ............................ お好みで

作り方

1　まぐろは塩、こしょうを軽くふって（a）、冷蔵庫で約10分おく。

2　まぐろの水けをふき取り、小麦粉をまぶして溶き卵にくぐらせ、パン粉をつける。

3　揚げ油を180℃に熱し、約1分30秒揚げ、すぐに食べやすい大きさに切る。器に盛り、Aを合わせたおろしぽん酢と、お好みで焼きズッキーニを添える。

おぼん de ひと工夫

（a）最初に塩をふるひと手間で、魚の余分な水分が抜け、旨みがアップします！

中をレアな状態で揚げるのがこのメニューのポイントです。揚げたてをそのままおいておくと、余熱で火が入ってしまいます。揚げたらすぐにカットしましょう。

おぼん de ごはん びんちょうまぐろの レアカツ おろしぽん酢

お刺し身用の新鮮なびんちょうまぐろを使用。お店で一つずつ、丁寧にパン粉をつけてサクサクに揚げています。

（1人分）	304 kcal
たんぱく質	30.6g
脂質	15.0g
糖質	11.1g
食物繊維	1.8g
食塩相当量	3.3g

サーモンといくらのアボカド丼

ガーリックしょうゆと甘酢しょうがが名脇役。
サーモンの甘みを引き立てます！

材料（2人分）

サーモン（刺し身用）	140g
いくらしょうゆ漬け	大さじ1
アボカド	1/2個
きゅうり	1/3本（30g）
甘酢しょうが	20g
貝割れ菜	適量
A	
しょうゆ	大さじ2
酒	大さじ1
みりん	大さじ1
B（ガーリックしょうゆ）	
しょうゆ	大さじ2
ガーリックオイル	小さじ1/2
ごはん	400g
きざみのり	適量

作り方

1 サーモン、アボカド、きゅうりは、それぞれ 1.5〜2cmの角切りにする。しょうがはせん切りに、貝割れ菜は長さを半分に切る。

2 ボウルにAを混ぜ、サーモンを入れて約10分漬ける。

3 器にごはんを盛ってのりをふり、きゅうり、しょうが、サーモン、アボカドの順に散らして盛りつける。混ぜ合わせたB（1人分大さじ1）をかけ、いくらを散らし、貝割れ菜をのせる。

おぼん de ひと工夫

アボカドは皮側を上にして盛りつけ、最後にいくらを全体に散らすと華やかに仕上がります。

おぼん ごはん　サーモンといくらのアボカド丼

女性のお客さまに人気のメニューです。「甘酢しょうががアクセントでおいしい」とお声をいただいています。

（1人分）	**659 kcal**
たんぱく質	25.6g
脂質	24.9g
糖質	80.3g
食物繊維	7.1g
食塩相当量	4.4g

豚肉と茄子のつけうどん

豚肉と炒めなす、コク旨コンビのつゆが美味!
ボリュームも大満足の一品です

材料(2人分)

豚バラ薄切り肉	100g
なす	1本(80g)
サラダ油	適量
A だし	300㎖
めんつゆ(3倍濃縮)	大さじ4
冷凍うどん	2玉
こねぎ、かつお粉	お好みで

作り方

1 なすは乱切りにし、フライパンに多めの油を熱して炒める。

2 豚肉はひと口大に切る。鍋にAを入れて火にかけ、煮立ったら豚肉をほぐしながら入れる。あくを取り、1のなすを加える。

3 うどんは表示通りにゆで、氷水で冷やし、ざるにあげて水けをきる。

4 器に2を盛り、お好みでこねぎとかつお粉を添える。

おぼんのひと工夫

豚肉は火を入れすぎるとかたくなります。鍋に入れたら手早くあくを取り、色が変わったらすぐに火を止めましょう。

おぼんごはん　豚肉と茄子のつけうどん

お子さま連れに人気があります。トッピングに温泉卵をご注文になり、まろやか風味にアレンジされる方も!

（1人分）	**528** kcal
たんぱく質	16.3g
脂質	25.0g
糖質	61.3g
食物繊維	1.0g
食塩相当量	3.0g

お肉にもお魚にもよく合う

おぼんdeごはん 和風タルタルソース

和風のたれに変身したタルタルソースのレシピを大公開。
いろいろな食材をプラスして、ソースをアレンジするのもおすすめです。

ベースのタルタルソース

マヨネーズとゆで卵をたっぷり！
味と食感のアクセントにしば漬けを使います

材料（作りやすい分量）

マヨネーズ	80g
卵	1個
玉ねぎ	15g
しば漬け	15g
A	
砂糖	小さじ2
しょうゆ	小さじ1

作り方

1 卵は12分ゆでて粗めのみじん切りにする。玉ねぎはみじん切りにして水にさらす。しば漬けはみじん切りにする。

2 1にマヨネーズとAを加えて混ぜ合わせる。

みそタルタル

みそ …小さじ2

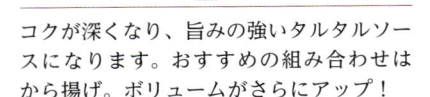

コクが深くなり、旨みの強いタルタルソースになります。おすすめの組み合わせはから揚げ。ボリュームがさらにアップ！

明太タルタル

辛子明太子 …小2と1/2本（50g）

ピリリとした辛みがアクセント。野菜スティックやバゲットなど、シンプルなメニューとよく合います。

梅しそタルタル

ベースの
タルタルソース
全量

プラス

梅干し（塩分控えめ）…中2個

青じそ（みじん切り）…2枚

イコール

梅干しの種を取って包丁でたたいて合わせると、梅の酸味がさわやかなタルタルソースに。ステーキやから揚げなどガッツリ料理をさっぱりいただけます。

のりタルタル

ベースの
タルタルソース
全量

プラス

みそ…小さじ2

青のり…2g

いつものあじフライを
バージョンアップ

イコール

ほんのり磯の香りが漂います。黄色と緑で見た目も鮮やか。魚のフライなど、シーフードと相性抜群です。

キャベツタルタル

ベースの
タルタルソース
全量

プラス

キャベツ（粗みじん）…100g

塩…0.5g

イコール

キャベツに塩ひとつまみをふって約10分おき、しぼってから混ぜましょう。コールスロー風で単品でも美味。肉料理とよく合います。

サラダはもちろん、お肉やお魚にもよく合う
おぼんdeごはんのすりおろし野菜ドレッシング

すりおろし野菜をたっぷり使い、にんにくとアンチョビをきかせるドレッシングです。

材料（作りやすい分量）

玉ねぎ	3/4個（150g）
にんじん	中1本（200g）
にんにく	1片
アンチョビ（フィレ）	1枚
白すりごま	10g
粉チーズ	5g
しょうゆ	大さじ3
米油	200㎖
岩塩	6g
卵	1個

作り方

1 玉ねぎとにんじんはザク切りにする。
2 フードプロセッサーに**1**とすべての材料を入れ、ペースト状にする。

サラダのドレッシングはもちろん、お肉やお魚料理のソースとしても使えます。いつものメニューがワンランク上の味に！

おぼんdeごはん
すりおろし野菜ドレッシング
（300㎖）

お店で使っているドレッシングを自宅で楽しめる商品も！各店舗で購入できます。

腹ぺこさんも満足できる、お肉料理をご紹介。
野菜や豆腐などと合わせているので、彩りやバリエーションも豊か。
副菜と組み合わせると栄養バランスばっちりです！
豚ロース肉、豚ひき肉、鶏もも肉、牛バラ薄切り肉など、
さまざまなお肉を使ったメニューがあるので、
いろいろな料理を楽しんでください。

ボリュームたっぷりお肉のおかず

豚肉の生姜焼き

おぼんdeごはん流の黄金比のたれで作る
ごはんが進むしょうが焼きです

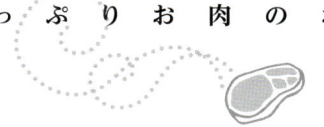

材料（2人分）

豚ロース薄切り肉	200g
キャベツ	120g
小麦粉	適量
サラダ油	適量

A（生姜焼きのたれ）

しょうゆ	大さじ2
酒	大さじ2
みりん	大さじ2
はちみつ	小さじ1
砂糖	小さじ1
おろししょうが	大さじ1
クレソン	お好みで

作り方

1. キャベツはザク切りにしてゆでる。豚肉は小麦粉をまぶす(a)。

2. フライパンに油を熱し、豚肉を並べて中火で焼く。焼き色がついたら、ひっくり返して強火にし、**A** を混ぜ合わせて加える。約10秒煮立たせたら火を止める(b)。

3. 器にゆでたキャベツを盛り、2をのせる。お好みでクレソンを添える。

おぼん de ひと工夫

(a) 小麦粉をまぶすと肉がやわらかくなり、たれもしっかりからみます。

(b) 強火でたれをさっとからめることで、アルコールを飛ばして風味だけを残せます。

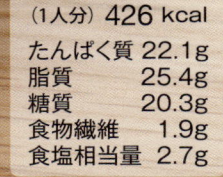

（1人分） 426 kcal	
たんぱく質	22.1g
脂質	25.4g
糖質	20.3g
食物繊維	1.9g
食塩相当量	2.7g

おぼん de ごはん

国産豚肉雪国育ちの生姜焼き

食感のやわらかさ、肉の甘みを追求し、素材を厳選しました。国産のやわらかい豚ロース肉を使用しています。

コク旨なすの肉味噌

3種類のみそが織りなす奥深い旨みが
肉&なすにしみしみ！

材料（2人分）

豚ひき肉	80g
なす	2本（160g）
揚げ油	適量
ブロッコリー	60g
しめじ	1/3パック（30g）
玉ねぎ	25g
おろしにんにく	小さじ1/2
おろししょうが	小さじ1/2
ごま油	大さじ2

A（味噌だれ）

コチュジャン	大さじ1/2
甜麺醤	大さじ1
みそ	大さじ1
酒	小さじ1
みりん	小さじ2
鶏がらスープの素（顆粒）	小さじ1
水	150㎖
水溶き片栗粉	適量
こねぎ	お好みで

作り方

1　なすは乱切りにして素揚げする。ブロッコリーは小房に分けてゆでる。しめじは小房に分ける。玉ねぎはみじん切りにする。

2　フライパンにごま油を熱し、にんにく、しょうがを入れて炒める。香りが立ったらひき肉、しめじ、玉ねぎを加える。

3　ひき肉に火が通ったら**A**を加えて煮立たせる。

4　2〜3分煮たら、なすとブロッコリーを加える。煮立ったら水溶き片栗粉をかき混ぜながら加えてとろみをつける。器に盛り、お好みでこねぎをふる。

おぼん de ひと工夫

なすを素揚げして最後に加えることで、色鮮やかに仕上がります。

　コク旨なすの肉味噌

お店では、ご紹介したレシピよりさらに多くの種類のみそをブレンド。開発担当者が何度も試作を重ねた自信作です。

（1人分）406 kcal

たんぱく質	12.9g
脂質	32.0g
糖質	16.5g
食物繊維	4.9g
食塩相当量	3.0g

ごろごろ根菜と鶏肉の黒酢ソース

酢豚ならぬ酢鶏。
黒酢のやさしい酸味で旨みがアップ!

材料（2人分）

鶏もも肉‥ 大1枚（300〜400g）
A
　鶏がらスープの素（顆粒）
　　　　　　　　　　　小さじ3
　おろしにんにく… 小さじ3/4
　ごま油　　　　　　大さじ2
　酒　　　　　　　　大さじ1
　しょうゆ　　　　　小さじ1
れんこん……… 小1/2節（60g）
にんじん……… 4cm（40g）
なす…………… 1/2本（40g）

ししとう………………… 4本
揚げ油………………… 適量
B（黒酢あん）
　黒酢　　　　　　　大さじ3
　砂糖　　　　　大さじ4と1/3
　しょうゆ　　　　　大さじ3
　酒　　　　　　　　大さじ1
　みりん　　　　　　大さじ1
　水溶き片栗粉　………… 適量
片栗粉………………… 適量
ごま油…………… 小さじ1/2

作り方

1　鶏肉は食べやすい大きさに切る。ボウルにAを混ぜ合わせ、鶏肉を入れてもみ込む。

2　れんこんとにんじんは乱切りにして約5分ゆでる。なすは乱切りにする。

3　鍋にBの黒酢からみりんまでを入れて煮立たせ、水溶き片栗粉をかき混ぜながら加えてとろみをつける。

4　1の鶏肉に片栗粉をまぶし、180℃に熱した揚げ油で3〜4分色よく揚げる。同じ油でれんこんとにんじん、なすは1〜2分ずつ、ししとうは約10秒素揚げする。

5　器に4をいっしょに盛って3の黒酢あんをかけ、ごま油を回しかける。

おぼん de ひと工夫

野菜を素揚げすると、短時間で加熱でき、旨みが逃げません。食べごたえがアップし、彩りも鮮やかになります。

（1人分）496 kcal
たんぱく質 31.7g
脂質 29.8g
糖質 23.7g
食物繊維 2.0g
食塩相当量 4.9g

おぼん de ごはん

ごろごろ根菜と鶏肉の黒酢ソース

お店では「玄米黒酢」を使用。まろやかな酸味と香ばしい香り、すっきりした味わいをお楽しみいただけます。

五穀ひじきと豆腐のハンバーグ野菜あん

混ぜごはんの素入り豆腐ハンバーグに
だしがきいた野菜あん！ 旨みたっぷりです

材料（2人分）

鶏ひき肉 ……………………… 200g
豆腐（もめん）………………… 100g
しいたけ ………………………… 1個

A（湯葉あん）
　だし ……………………… 200㎖
　めんつゆ（3倍濃縮）
　　　………………… 大さじ1と1/2
　酒 ……………………… 大さじ1
　みりん ………………… 大さじ1
　薄口しょうゆ ………… 大さじ1
　にんじん（せん切り）
　　　……………………… 2㎝（20g）

しめじ（小房に分ける）
　　　………… 1/3パック（30g）
乾燥ゆば ………………………… 5g
水溶き片栗粉 ………………… 適量

B
　おぼんdeごはん
　五穀ひじき混ぜごはんの素
　　　（P.68参照）……………… 10g
　卵 ………………………………… 1個
片栗粉 …………………………… 適量
揚げ油 …………………………… 適量
水菜（ザク切り）……………… 15g

作り方

1　豆腐はキッチンペーパーで包んで水をきる。しいたけは石づきを取ってみじん切りにする。

2　鍋に**A**のだしから乾燥ゆばまでを入れて2〜3分煮る。水溶き片栗粉をかき混ぜながら加えてとろみをつける。

3　ボウルにひき肉と**1**の豆腐、しいたけ、**B**を入れてよく混ぜ合わせる。4等分して小判形にまとめ、全体に片栗粉をまぶす。

4　揚げ油を180℃に熱し、**3**を約4分揚げる。器に盛り、**2**の湯葉あんをかけて水菜をのせる。

おぼん de ひと工夫

豆腐の入ったハンバーグは、揚げることでふわふわの食感になります！

五穀ひじきと豆腐のハンバーグ野菜あん

"選べるごはん"としてお店で人気の「五穀ひじき混ぜごはんの素」を使用しています。いろいろなお料理に活用できます。

（1人分）**471 kcal**

たんぱく質　28.9g
脂質　　　　30.8g
糖質　　　　16.9g
食物繊維　　3.1g
食塩相当量　4.0g

復刻

鶏の黒七味焼き

こんがり焼いたピリ辛味の焼き鳥。
ごはんにもお酒にもよく合います

材料（2人分）

鶏もも肉 ……… 大1枚（300～400g）
長ねぎ ……… 1/3本（20g）

A
> おろしにんにく……… 小さじ2
> 鶏がらスープの素（顆粒）
> ……………… 小さじ2
> ごま油 ……… 大さじ2
> 酒 ……… 大さじ1
> しょうゆ……… 小さじ1

黒七味………………………… 1g
サラダ油 ……………………… 適量
ごま油………………………… 少々

作り方

1　鶏肉は半分に切る。長ねぎは斜め薄切りにして水にさらす。

2　ボウルに**A**を混ぜ合わせ、鶏肉を入れてよくもみ込む。皮目に、黒七味をまんべんなくふる。

3　フライパンにサラダ油を熱し、**2**を皮目を下にして入れる。弱めの中火で約2分、皮目がこんがりと焼けたら裏返し（a）、ふたをして約5分蒸し焼きにする。食べやすい大きさに切って器に盛り、長ねぎをのせてごま油をかける。

おぼん de ひと工夫

（a）皮目をこんがり焼くことで香ばしく仕上がり、肉汁も閉じ込められます。

（1人分）**347 kcal**
たんぱく質 29.6g
脂質 24.6g
糖質 3.2g
食物繊維 0.5g
食塩相当量 2.2g

おぼん de ごはん

鶏の黒胡麻七味焼き

七味とうがらしを煎って香ばしくした黒七味を使っています。2008年の開店時からロングセラーのメニューでした。

牛肉とズッキーニのトマト炒め

焼き肉のたれとトマトピューレで味つけ簡単！
野菜たっぷりで栄養バランスも◎！

材料（2人分）

牛バラ薄切り肉	160g
玉ねぎ	40g
しめじ	1/3パック（30g）
ズッキーニ	1本
トマト	1/2個
かぼちゃ	80g
サラダ油	適量

A（トマト焼肉だれ）
焼き肉のたれ（市販）	70g
トマトピューレ	70g
白いりごま	お好みで

作り方

1 牛肉は5cm幅に切る。玉ねぎは薄切り、しめじは小房に分ける。ズッキーニは1cm厚さの輪切りに、トマトは乱切りにする。

2 かぼちゃは耐熱皿に入れ、ふんわりラップをかけて電子レンジ（600W）で1分30秒加熱し、5㎜厚さのくし形に切る。

3 フライパンに油を熱し、牛肉を炒める。色が変わったら取り出し（a）、1のトマトを除く野菜と2のかぼちゃを入れて炒める。

4 野菜がしんなりしたら、取り出しておいた牛肉とトマト、混ぜ合わせた**A**を加え、さっと炒める。器に盛り、お好みでごまをふる。

おぼん de ひと工夫

（a）牛肉は火を入れすぎるとかたくなります。野菜を炒める間、取り出しておきましょう。

国産牛肉とズッキーニのトマト炒め

お店では国産の牛肉にこだわってご提供。お肉と野菜をバランスよくとれると、とても人気がありました。

（1人分）**498 kcal**

たんぱく質	15.2g
脂質	39.2g
糖質	25.2g
食物繊維	4.5g
食塩相当量	3.0g

豚肉と水菜の豆乳ごまラー油鍋

豆腐と豆乳でクリーミーなコク旨スープに
シャキシャキ野菜とピリ辛ラー油がアクセント

（1人分）**519 kcal**

たんぱく質	24.0g
脂質	39.7g
糖質	15.5g
食物繊維	6.3g
食塩相当量	1.8g

材料（2人分）

		B	
豚バラ薄切り肉	120g	無調整豆乳	200㎖
豆腐（きぬごし）	200g	酒	小さじ2
キャベツ	大きめ1枚（80g）	薄口しょうゆ	小さじ2
しめじ	1/2パック（50g）	みりん	小さじ2
れんこん	小1/3節（40g）	みそ	小さじ2
水菜	20g	砂糖	小さじ2
A		白練りごま	大さじ2
だし昆布	20g	ラー油	適量
水	300㎖		

作り方

1　豚肉はひと口大に切る。豆腐は食べやすい大きさに切る。キャベツはザク切りにし、しめじは小房に分ける。れんこんは薄切りに、水菜は3cm長さに切る。

2　鍋にAを入れて弱火にかける。煮立つ直前にだし昆布を取り出し、Bを加えて再び煮立たせる。

3　2に豆腐、キャベツ、しめじ、れんこんを入れて弱火で約5分煮る（a）。豚肉をほぐしながら加え、肉の色が変わったら、ラー油を回しかけ、水菜をのせる。

おぼん de ひと工夫

（a）強火でグツグツ煮ると、豆乳が分離します。火かげんに注意し、弱火で煮立たせましょう。

おぼん de ごはん

豚肉とクレソンの豆乳ごまラー油鍋

お店では具材にクレソンを使用。辛いのがお好きな方には、食べるラー油をたっぷりかけて召し上がっていただきました。

定番

牛肉のスタミナプルコギ風炒め

牛肉とプリプリ春雨でボリューミー！
家族みんなが大好きな甘辛味です

材料(2人分)

牛バラ薄切り肉	200g	**A**（プルコギたれ）	
豆もやし	1/2袋（100g）	コチュジャン	大さじ1と1/2
パプリカ（赤）	小1/2個（60g）	酒	小さじ2
こねぎ	適量	はちみつ	小さじ2
韓国春雨	30g	砂糖	小さじ1
サラダ油	適量	しょうゆ	大さじ2
		おろししょうが	小さじ1
		おろしにんにく	小さじ1
		ごま油	大さじ1/2
		白いりごま	適量
		温泉卵	2個

作り方

1 牛肉は5cm幅に切る。もやしはさっと洗い、パプリカは細切りに、こねぎは小口切りにする。韓国春雨は約10分ゆで、ざるにあげて水けをきる。

2 フライパンに油を熱し、牛肉を入れて炒める。色が変わったらもやし、パプリカ、春雨を入れて強火でさっと炒め(a)、**A**を混ぜ合わせて加える。

3 器に盛ってこねぎとごまを散らし、中央に温泉卵をのせる。

おぼん de ひと工夫

(a) 強火で一気に炒めましょう。短時間で素材に火が通り、シャキシャキの仕上がりに！

 おぼん de ごはん　牛肉のスタミナプルコギ風炒め

2024年から登場した新メニューです。熱々を召し上がっていただきたいので、お店では鉄板でご提供しています。

（1人分）	686 kcal
たんぱく質	24.9g
脂質	53.0g
糖質	32.1g
食物繊維	2.3g
食塩相当量	4.1g

揚げ出し厚揚げ
きのこあんかけ

厚揚げとひき肉あんかけで食べごたえをアップ!
おなかいっぱいになります

(1人分) 575 kcal

たんぱく質　33.3g
脂質　41.6g
糖質　15.9g
食物繊維　3.7g
食塩相当量　3.5g

材料（2人分）

豚ひき肉	100g
厚揚げ	1パック（400g）
おろしにんにく	小さじ1/2
おろししょうが	小さじ1/2
ごま油	小さじ
めんつゆ（3倍濃縮）	小さじ1

A（きのこあん）

だし	200㎖
めんつゆ（3倍濃縮）	大さじ1と1/2
酒	大さじ1
みりん	大さじ1
薄口しょうゆ	大さじ1
にんじん（せん切り）	2㎝（20g）
しめじ（小房に分ける）	1/2パック（50g）
なめこ（水洗いする）	1/2袋（50g）
水溶き片栗粉	適量
片栗粉	適量
揚げ油	適量
三つ葉	お好みで

作り方

1 フライパンにごま油を熱し、にんにく、しょうが、ひき肉を入れて炒める。肉の色が変わったら、めんつゆ小さじ1を回しかけて火を止める。

2 鍋にＡのだしからなめこまでを入れて2〜3分煮たら、水溶き片栗粉をかき混ぜながら加えてとろみをつける。

3 厚揚げを食べやすい大きさに切り、片栗粉をまぶす。180℃に熱した揚げ油で約2分揚げる。

4 器に3を盛り、1のひき肉炒めをのせて2のきのこあんをかける。お好みで三つ葉をのせる。

おぼん de ひと工夫

豚ひき肉を炒めてのせるひと手間で、食べごたえのあるおかずになります。

おぼん de ごはん　揚げ出し豆腐のきのこあんかけ肉味噌添え

きのこたっぷりの秋らしいメニューです。お店では大豆ミートを使った肉みそで、ヘルシーに仕立てています。

豚肉のねぎ塩すだちソース

**表面はカリッと香ばしく肉はジューシー！
大根おろしとすだちでさっぱり味にまとめました**

材料(2人分)

豚ロース厚切り肉
　……………2枚(240〜300g)
長ねぎ ……………… 1/3本(20g)
おろしにんにく………… 小さじ1/2
ごま油………………… 小さじ2

A
　鶏がらスープの素(顆粒)
　………………… 大さじ1
　しょうゆ…………… 小さじ1
　水………………… 80㎖
　水溶き片栗粉 ………… 適量

B
　黒こしょう ……………… 少々
　すだち果汁………… 小さじ2
塩、こしょう……………… 各少々
小麦粉………………… 適量
サラダ油……………… 適量
大根おろし……………… 適量
クレソン ……………… お好みで

作り方

1　長ねぎはみじん切りにする。

2　フライパンにごま油を熱し、にんにく、長ねぎを入れて炒める。**A**の鶏がらスープの素から水までを加えて煮立ったら、水溶き片栗粉をかき混ぜながら加えてゆるめのとろみをつける。火を止め、**B**を加えて混ぜ合わせる。

3　豚肉は脂身の部分に包丁を入れて筋切りをし、塩、こしょうをふって小麦粉をまぶす。別のフライパンにサラダ油を熱し、こんがりするまで焼く。ひっくり返し、ふたをして約2分焼く。食べやすい大きさに切って器に盛り、大根おろしをのせて**2**のねぎ塩すだちソースをかける。お好みでクレソンを添える。

おぼん de ひと工夫

黒こしょうとすだち果汁は、加熱後に加えることで、香りと酸味が引き立ちます。すだち果汁の代わりに、レモン汁でもOK！

おぼん de ごはん　豚肉のねぎ塩すだちソース

ランチにお肉をしっかり食べたいという方に人気でした。豚肉の脂をすだちの香りと酸味でさっぱりいただけます。

かぼちゃとチーズの麻婆

とろ～りチーズをオン！
子どもも、大人も大好きなまろやか味です

材料(2人分)

豚ひき肉	100g
かぼちゃ	180g
長ねぎ	2/3本(40g)
なす	1本(80g)
揚げ油	適量

A

おろしにんにく	小さじ1
おろししょうが	小さじ1
豆板醤	小さじ2
ごま油	大さじ1

B（麻婆ソース）

甜麺醤	大さじ1
しょうゆ	大さじ1と1/3
砂糖	小さじ1
鶏がらスープの素（顆粒）	小さじ2
水	300㎖
水溶き片栗粉	適量
ミックスチーズ	40g

作り方

1. かぼちゃは耐熱皿に入れ、ふんわりラップをかけて電子レンジ（600W）で3分加熱し、ひと口大に切る。

2. 長ねぎはみじん切りにする。なすは乱切りにして、素揚げする（a）。

3. フライパンにごま油を熱し、ひき肉と長ねぎ、**A**を入れて炒める。ひき肉に火が通ったら**B**と**1**のかぼちゃを加える。

4. 煮立ったら弱火にして1〜2分煮る。**2**のなすを加え、水溶き片栗粉をかき混ぜながら加えてゆるめのとろみをつけ、チーズを加える。チーズが溶けたら、器に盛る。

おぼん de ひと工夫

（a）なすは別で素揚げしておき、後から加えましょう。色鮮やかに仕上がります。

おぼん de ごはん OBON de GOHAN

かぼちゃとチーズの麻婆

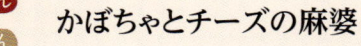

麻婆ソースに、かぼちゃの甘みとチーズのコクを合わせた秋の人気メニューです。

（1人分）	414 kcal
たんぱく質	18.4g
脂質	26.7g
糖質	27.2g
食物繊維	5.5g
食塩相当量	5.8g

豚肉と6種野菜のBBQソース

肉も野菜も大きめにカット。
食材それぞれのおいしさをしっかり味わえます

材料(2人分)

豚肩ロース厚切り肉	200g
かぼちゃ	120g
ブロッコリー	60g
ズッキーニ	1/2本(100g)
なす	1/2本(40g)
しめじ	1/3パック(30g)
ミニトマト	4個
塩、こしょう	各少々
小麦粉	適量
サラダ油	適量

A（BBQソース）

トマトケチャップ	大さじ3
中濃ソース	小さじ2
酒	大さじ3
砂糖	大さじ1
みりん	大さじ1
しょうゆ	大さじ2

作り方

1　豚肉は3～4cm幅に切る。

2　かぼちゃは耐熱皿に入れ、ふんわりラップをかけて電子レンジ(600W)で2分加熱し、ひと口大に切る。ブロッコリーは小房に分けてゆでる。

3　ズッキーニは1cm厚さの輪切りにし、なすは乱切りにする。しめじは小房に分ける(a)。

4　豚肉に塩、こしょうをふり、小麦粉をまぶす。フライパンに油を熱し、豚肉を焼く。火が通ったら取り出し、かぼちゃと3を炒める。

5　しんなりしたらミニトマトとブロッコリー、混ぜ合わせたAを加え、豚肉を戻してさっと炒め合わせる。

おぼん de ひと工夫

（a）材料が多いので、野菜を切ったり下ゆでするなど準備しておくと、手際よく調理できます。

おぼん de ごはん　豚肉と6種野菜のBBQソース

お子さまも大好きなバーベキューソース味。バランスよくおなかいっぱい食べたいときのリピートメニューです。

(1人分)	507 kcal
たんぱく質	25.7g
脂質	25.9g
糖質	36.7g
食物繊維	5.9g
食塩相当量	4.2g

おぼんdeごはんの副菜

おぼんdeごはんでは、野菜を使ったヘルシーな副菜をご提供しています。
そんな副菜から、ご家庭で作りやすいメニューをご紹介します。

わかめのおかか炒め

わかめと相性のいいごま油とかつお節で香りよく！

材料（作りやすい分量）

わかめ（乾燥の場合は水戻し後）…60g
玉ねぎ ……………………………… 30g
ごま油 …………………………… 小さじ2
A
　めんつゆ（3倍濃縮）……… 小さじ2
　酒 …………………………… 大さじ1
かつお節 …………………………… 2g

作り方

1　わかめは食べやすい大きさに切る。玉ねぎは薄切りにする。
2　フライパンにごま油を熱し、1を入れてさっと炒め、Aを加えてさらにさっと炒める。かつお節を加えて火を止める。

青菜と蒸し鶏のナムル

青菜を冷水でシャキッとさせるのがおいしさのコツ

材料（作りやすい分量）

青菜（小松菜など）………………… 150g
蒸し鶏 ……………………………… 100g
酒 …………………………………… 小さじ2
A
　めんつゆ（3倍濃縮）……… 小さじ2
　ごま油 ……………………… 大さじ1
　塩昆布 …………………………… 2g

作り方

1　蒸し鶏は食べやすい大きさにほぐす。青菜は酒をふって電子レンジ（600W）で2分加熱する。冷水にとり、水けをしぼって4cm長さに切る。
2　1とAを混ぜ合わせる。

人参ときのこの生姜ナムル

火を使わずレンチンで完成! 1日おいてもおいしい

材料(作りやすい分量)
にんじん……中1/2本(100g)
しめじ…………1パック(100g)
酒………………………小さじ2
A
　めんつゆ(3倍濃縮)
　　　　　　　……………大さじ1
　おろししょうが……小さじ2
　ごま油………………大さじ1
　白いりごま…………小さじ3

作り方
1　にんじんはせん切り(しりしり器などを使うと便利)、しめじは小房に分け、合わせて酒をふって電子レンジ(600W)で2分加熱する。
2　1とAを混ぜ合わせる。

キャベツとベーコンの胡麻和え

焼きベーコンとキャベツは文句なしの組み合わせ

材料(作りやすい分量)
キャベツ …………3枚(150g)
酒…………………………小さじ2
ベーコン…………………50g
A
　しょうゆ…………大さじ1/2
　砂糖………………大さじ1/2
　白すりごま………大さじ3

作り方
1　キャベツはざく切りにして酒をふり、電子レンジ(600W)で2分加熱する。ベーコンは約1.5cm幅に切ってオーブントースターで3分焼く。
2　1とAを混ぜ合わせる。

かぼちゃとじゃこのきんぴら

ちりめんじゃこの旨みと歯ごたえがアクセント

材料(作りやすい分量)
かぼちゃ…………………200g
ごま油……………………大さじ1
A
　しょうゆ…………大さじ1
　みりん……………小さじ2
　酒…………………小さじ2
　砂糖………………小さじ2
　ちりめんじゃこ……大さじ1
　白いりごま………小さじ1

作り方
1　かぼちゃは耐熱皿に入れ、ふんわりラップをかけて電子レンジ(600W)で3分加熱し、5mm厚さのくし形に切る。
2　フライパンにごま油を熱し、1のかぼちゃをさっと炒め、混ぜ合わせたAを全体にからめて火を止める。

かぼちゃとさつまいものサラダ

下蒸しさえすれば、あとはつぶしてあえるだけ

材料（作りやすい分量）

かぼちゃ ·················200g
さつまいも··中1/2本（100g）
A
  マヨネーズ··········大さじ4
  クリームチーズ·········30g
  ヨーグルト··············10g
  くるみ（粗くきざむ）···20g

作り方

かぼちゃとさつまいもは皮ごと約30分蒸す。温かいうちにつぶし、**A**を加えて混ぜ合わせる。

茄子のおかか炒め

かつお節の香りがなすにからんでおいしい！

材料（作りやすい分量）

なす···················· 中2本
ごま油················ 大さじ1
A
  めんつゆ（3倍濃縮）
  ··················· 大さじ1
  酒················· 大さじ1
  おろししょうが··小さじ1/2
かつお節················2g

作り方

1 なすは乱切りにする。
2 フライパンにごま油を熱してなすを炒め、**A**を加えてさらにさっと炒める。かつお節を加えて火を止める。

Column

おぼんdeごはん 誕生秘話

　「おぼんdeごはん」の第1号店は東京・小田急新宿ミロード。2008年のことでした。実は当初、そば粉クレープの店を出したのですが、うまくいかずに業態変更して誕生したのが「おぼんdeごはん」でした。

　クレープ屋の開店初日、見向きもせず通り過ぎていくお客さまを見て、失敗しちゃったなと思いました。そこで「おぼんdeごはん」として再スタートを切ったわけですが、お客さまにどんなお料理があるのかをわかりやすく伝えるために、サンプルショーケースに定食がのったおぼんを垂直に立ててぎっしり並べることにしました。するとそれ

おぼんを立てたサンプルケース（KITTE博多店）

を見たお客さまがどんどん店に入ってきてくれたのです。ひと目で定食の内容がわかって見栄えもいい。手前みそではありますが「サンプルケースの革命」だったと自負しています。

「お魚料理は難しい」なんて心配はいりません。
「あらかじめキッチンペーパーで水けをふき取る」
「刺し身用を選び、強火で一気に調理。外はカリッと中は半生に仕上げる」などの
ひと工夫で、失敗なく、おいしく仕上がります。
レシピ以外のお魚でもおいしくできるので、
作り慣れたら素材を変えて挑戦してみてください。

みんな大好きお魚のおかず

めかじきのはちみつ生姜照り焼き

ふっくらやわらかな身のめかじきと
しょうが香るはちみつだれが相性抜群

50

材料（2人分）

めかじき（切り身） ……………………2切れ（240g）	
しめじ …………1/3パック（30g）	
塩、こしょう……………………各少々	
小麦粉……………………………適量	
サラダ油…………………………適量	

A（はちみつ生姜だれ）

おろしにんにく…小さじ1/2	
おろししょうが………大さじ2	
オイスターソース…大さじ1	
しょうゆ………大さじ1と1/2	
酒………………………大さじ1	
りんごジュース（果汁100%）………………………大さじ1	
はちみつ……………大さじ1	

キャベツ、トマト…………お好みで

作り方

1　めかじきは食べやすい大きさに切り、塩、こしょうをふる。しめじは小房に分ける。

2　めかじきに小麦粉をまぶし、フライパンに油を熱して中火で両面をこんがり焼く。

3　しめじを加えてさらに火を通し、強火にしてAを混ぜ合わせて加える。フライパンをゆすってめかじきにたれをからめ(a)、器に盛る。お好みでゆでキャベツやトマトを添える。

おぼん de ひと工夫

(a) めかじきは加熱しすぎるとかたくなるので注意。たれを加えたら、強火で一気に仕上げましょう。

（1人分）322 kcal
たんぱく質　26.1g
脂質　　　　15.4g
糖質　　　　19.0g
食物繊維　　2.0g
食塩相当量　3.5g

おぼん de ごはん　めかじきのはちみつ生姜照り焼きソース

脂ののっためかじきを厳選して使用しています。みそタルタルソースをトッピングするアレンジも人気です。

サワラの明太マヨ焼き

いろいろな白身魚や鶏肉ともよく合う明太マヨ。
マスターして定番入りさせましょう

材料（2人分）

さわら（切り身）………2切れ（200〜240g）
塩、こしょう……………………………各少々
辛子明太子 …………………小1/2本（20g）
A
　│ マヨネーズ……………………大さじ2
　│ 粉チーズ………………………小さじ3
　│ めんつゆ（3倍濃縮）…………小さじ1
青のり………………………………………適量
水菜………………………………………お好みで

作り方

1　辛子明太子は包丁で切れ目を入れて薄皮からこそげ出し、Aと混ぜ合わせる。

2　さわらは塩、こしょうを軽くふって、冷蔵庫で約10分おく。水けをふき取り（a）、皮目を上にして、表面に1の明太マヨをぬる。

3　魚焼きグリルで5〜7分焼く。器に盛って青のりをふり、お好みで水菜を添える。

おぼん de ひと工夫

（a）キッチンペーパーでしっかりと水けをふき取ることで、魚の臭みを抑えられます。

 **おぼん de ごはん　ホッケの明太マヨ焼き**

お店では大ぶりのほっけを使ってご提供しています。明太マヨは脂身の少ないお魚と、とてもよく合うソースです。

（1人分）	273 kcal
たんぱく質	24.0g
脂質	20.1g
糖質	1.8g
食物繊維	0.3g
食塩相当量	1.5g

定番

カラスガレイの味噌バター焼き

みそ漬けにすると驚くほどコクと旨みがアップ。
バターをのせて至福のごちそうに！

材料（2人分）

からすがれい（切り身）
　　　　　　　　　……………2切れ（200〜240g）
塩、こしょう…………………………………各少々
バター……………………………………………20g
A（漬け味噌）
　│　みそ……………………………大さじ3
　│　塩こうじ………………………大さじ1
　│　砂糖………………………………大さじ1
　│　みりん…………………………大さじ2
かぼちゃ、ししとう………………………お好みで

作り方

1　からすがれいは塩、こしょうを軽くふって、冷蔵庫で約10分おく。水けをふき取り（a）、両面に混ぜ合わたAをぬり、ひと晩冷蔵庫で寝かせる。

2　表面の余分なみそを軽くぬぐい、魚焼きグリルで5〜7分焼く。器に盛り、バターをのせる。お好みで、炒めたかぼちゃとししとうを添える。

おぼん de ひと工夫

（a）キッチンペーパーでしっかりと水けをふき取ることで、魚の臭みを抑えられます。

（1人分）**284 kcal**
たんぱく質	23.3g
脂質	11.1g
糖質	20.1g
食物繊維	1.3g
食塩相当量	4.6g

おぼん de ごはん　カラスガレイの西京味噌バター焼き

お店では甘みの強い「西京味噌」に漬け込んでいます。みそに漬け込むと身が締まるので脂の多いお魚がおすすめ。

赤魚の唐揚げ 湯葉あんかけ

**身はしっとり、皮はサクサク。
彩り鮮やかでおもてなしにもおすすめです**

材料(2人分)

赤魚(切り身)……3切れ(240g)	にんじん(せん切り)
れんこん………小1/2節(60g)	…………………2cm(20g)
ブロッコリー………………60g	しめじ(小房に分ける)
A(湯葉あん)	…………1/3パック(30g)
だし………………200㎖	乾燥ゆば………………5g
めんつゆ(3倍濃縮)	水溶き片栗粉…………適量
…………大さじ1と1/2	塩、こしょう…………各少々
酒……………大さじ1	片栗粉…………………適量
みりん………大さじ1	揚げ油…………………適量
薄口しょうゆ……大さじ1	三つ葉…………お好みで

作り方

1 鍋にAのだしから乾燥ゆばまでを入れて2〜3分煮たら、水溶き片栗粉をかき混ぜながら加えてとろみをつける。

2 れんこんは乱切りにし、ブロッコリーは小房に分けて、それぞれゆでる。

3 赤魚は食べやすい大きさに切り、塩、こしょうを軽くふって、冷蔵庫で約10分おく。水けをふき取り、片栗粉をまぶす。揚げ油を180℃に熱し、2〜3分揚げる。

4 器に2と赤魚を盛り、1の湯葉あんをかける。お好みで三つ葉をのせる。

おぼん de ひと工夫

湯葉あんは、どんな魚とも相性抜群。たらなどほかの白身魚や、青魚など、いろいろな魚でお試しください。

 **赤魚の唐揚げ 湯葉あんかけ**

お魚のから揚げでボリューム満点。おだしのきいたやさしい湯葉あんは、幅広い年代の方に人気のお味です。

(1人分)	293 kcal
たんぱく質	26.1g
脂質	11.5g
糖質	18.7g
食物繊維	3.0g
食塩相当量	3.7g

サバの唐揚げ トマト油淋鶏ソース

黒酢のまろやかな酸味とトマトでさっぱり感を
アップさせた油淋鶏ソースが食欲をそそります

58

材料(2人分)

さば(切り身)……… 2切れ(240g)	みりん……………… 大さじ1
A	はちみつ…………… 大さじ1
酒……………………… 大さじ3	水溶き片栗粉……… 適量
おろししょうが……… 小さじ1	トマト(1cmの角切り)… 1/4個
B（トマト油淋鶏ソース）	黒酢………………… 大さじ1
長ねぎ(みじん切り)…30g	片栗粉……………… 適量
おろししょうが……… 小さじ1	揚げ油……………… 適量
砂糖……………… 小さじ1	ズッキーニ………… お好みで
しょうゆ………… 大さじ2	

作り方

1 さばはキッチンペーパーで水けをふき取り、食べやすい大きさに切って**A**に約15分漬ける。

2 **B**の長ねぎからはちみつまでを鍋に入れて火にかけ、煮立ったら水溶き片栗粉をかき混ぜながら加えてゆるめのとろみをつける。火を止め、トマトと黒酢を加える(a)。

3 1のさばに片栗粉をまぶし、180℃に熱した揚げ油で2〜3分揚げる。

4 器に盛って2のトマト油淋鶏ソースをかけ、お好みで素揚げしたズッキーニを添える。

おぼん de ひと工夫

（a）黒酢は、玄米黒酢を使うのがおすすめ。酸味がまろやかになります。

おぼん de ごはん

とろサバの唐揚げ トマト油淋鶏ソース

お店では、脂ののった「とろサバ」を使用。「トマトのフレッシュ感でさっぱり食べられる」とご好評をいただいています。

（1人分） 462 kcal	
たんぱく質	26.9g
脂質	28.4g
糖質	24.3g
食物繊維	0.9g
食塩相当量	3.0g

 復刻

ブロッコリーと生帆立の塩昆布炒め

刺し身用ほたてをぜいたくに使用。
ほたての甘みがからまったブロッコリーやたけのこも絶品です

材料（2人分）

ほたて貝柱（刺し身用）……	10個
たけのこ（水煮）…………	100g
ブロッコリー……	大1株（150g）
おろしにんにく…………	小さじ1
おろししょうが…………	小さじ1
ごま油…………	大さじ2
塩昆布…………	ひとつまみ

A （塩だれ）

酒…………	大さじ4
しょうゆ…………	小さじ1
オイスターソース…	小さじ1
砂糖…………	小さじ1
塩…………	小さじ1
鶏がらスープの素（顆粒）…………	小さじ1
バター………	10g

作り方

1 たけのこは食べやすい大きさに切る。ブロッコリーは小房に分けてゆでる。

2 フライパンにごま油、にんにく、しょうがを入れて中火にかけ、香りが立つまで炒める。

3 1を加え、野菜が温まったら強火にして、塩昆布、混ぜ合わせたAを入れる。バターとほたてを加え、さっと炒める（a）。

おぼん de ひと工夫

（a）ほたては刺し身用を使います。完全に火を通さず、半生の状態で仕上げることで、旨みが引き立ちます。

おぼん de ごはん ブロッコリー・海老・生帆立の塩昆布炒め

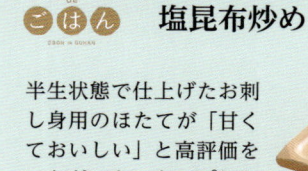

半生状態で仕上げたお刺し身用のほたてが「甘くておいしい」と高評価をいただいた、さっぱりとした炒め物です。

（1人分）	325 kcal
たんぱく質	31.5g
脂質	15.2g
糖質	11.6g
食物繊維	6.7g
食塩相当量	2.9g

サーモンの生姜醤油バター

外側をこんがり焼いて旨みを閉じ込めました。
ごはんが進む濃厚しっかり味です

材料（2人分）

サーモン（刺し身用・切り身）
……………2切れ（200〜240g）
塩、こしょう………………各少々
サラダ油………………………適量
A（生姜醤油ソース）
　しょうゆ……………大さじ1
　酒………………………大さじ1
　みりん………………大さじ1

おろししょうが………小さじ2
おろしにんにく…小さじ1/2
はちみつ………小さじ1/2
バター……………………………20g
クレソン、トマト…………お好みで

作り方

1　サーモンはキッチンペーパーで水けをふき取り、軽く塩、こしょうをふる。

2　フライパンに油を熱し、サーモンを皮目から中火でこんがり焼く。裏返して両面に焼き目をつける。

3　強火にして、混ぜ合わせたAとバターを加える。フライパンをゆすってからめ、火を止める(a)。器に盛り、お好みでクレソンとトマトを添える。

おぼん de ひと工夫

（a）サーモンは刺し身用なので、半生でOK。表面はこんがり、中はレアに仕上げます。

（1人分）	393 kcal
たんぱく質	21.4g
脂質	30.7g
糖質	7.9g
食物繊維	0.8g
食塩相当量	1.9g

おぼん de ごはん　サーモンの生姜醤油ソース

お刺し身用のサーモンを大きめにカット。お店では鉄板でご提供し、できたての熱々をお召し上がりいただいています。

ぶりじゃが

肉をぶりに変えるとひと味違ったおいしさに。
甘めの煮汁がやさしい味わいです

材料（2人分）

ぶり（切り身）……	2切れ（160g）
じゃがいも…	2個（250〜300g）
にんじん…………	5cm（50g）
玉ねぎ…………	50g
しめじ…………	1/3パック（30g）
塩、こしょう………	各少々
サラダ油…………	適量

A

しょうゆ…………	大さじ4
みりん…………	大さじ4
酒…………	大さじ2
はちみつ…………	小さじ4
おろししょうが………	小さじ2
砂糖…………	小さじ1
だし…………	400㎖
バター…………	10g
三つ葉…………	お好みで

作り方

1　ぶりは食べやすい大きさに切り、塩、こしょうを軽くふって、冷蔵庫で約10分おき、水けをふき取る。

2　じゃがいも、にんじんは乱切りにし、玉ねぎは1cm幅のくし形に切る。しめじは小房に分ける。

3　鍋に油を熱し、2を炒める。全体に油が回ったらAを加え、中火で約15分煮る。

4　3にぶりとバターを加え、強めの中火にして1〜2分煮る。器に盛り、お好みで三つ葉をのせる。

おぼん de ひと工夫

ぶりは火を入れすぎるとかたくなります。ぶりを鍋に入れたら、さっと仕上げましょう。

（1人分）	454 kcal
たんぱく質	22.1g
脂質	22.5g
糖質	34.5g
食物繊維	14.0g
食塩相当量	3.2g

おぼん de ごはん　ぶりじゃがのバター醤油

お店では脂ののったお刺し身用のぶりを使用しています。季節のメニューの中でも1、2位を争う人気メニューです。

レア鰹のガリバタ炒め

**にんにくをたっぷり使用。
パンチのきいたガリバタ味でお箸が止まりません**

材料（2人分）

かつお（刺し身用）	8切れ（240g）
ズッキーニ	1/2本（100g）
トマト	1/2個
塩、こしょう	各少々
にんにく（みじん切り）	1かけ
ごま油	適量
バター	20g

A（ガーリックソース）

しょうゆ	大さじ2
砂糖	小さじ1
みりん	大さじ1
おろしにんにく	小さじ2
はちみつ	小さじ1
酒	大さじ2

作り方

1 かつおは塩、こしょうを軽くふって、冷蔵庫で約10分おき、水けをふき取る。

2 ズッキーニは1cm厚さの輪切りにする。トマトは乱切りにする。

3 フライパンにごま油を熱し、にんにく、ズッキーニを入れて中火で炒める。

4 ズッキーニがしんなりしたら、かつお、トマト、バター、混ぜ合わせた**A**を加え、強火にして2〜3回フライパンをあおり、すぐに火を止める。

おぼん de ひと工夫

かつおは生でも食べられる刺し身用を使い、強火で一気に加熱。中をレアに仕上げます。

（1人分）	346 kcal
たんぱく質	33.9g
脂質	14.9g
糖質	14.2g
食物繊維	1.5g
食塩相当量	3.2g

おぼん de ごはん　レア鰹のガリバタ炒め

お刺し身用のかつおを半生に仕上げています。「かつおのお刺し身よりガリバタが好き」と大ファンのお客さまも！

みんな大好きなポテサラをちょっとおしゃれに

おぼんdeごはんのポテトサラダ

しっとり甘いポテトサラダは、おぼんdeごはんで大人気の副菜。
ベースのポテトサラダに食材を追加すれば、別メニューに変身。毎日でも飽きません。

ベースのポテトサラダ

「蒸し」と調味料の黄金比で
おぼんdeごはんのポテサラに!

材料（作りやすい分量）

じゃがいも……………… 2個（250〜300g）
A
マヨネーズ	大さじ3
バター	3g
塩	1g

作り方

1 じゃがいもはよく洗って、皮ごと
30分蒸す（a）。

2 熱いうちに手で皮をむき、つぶし
てAを混ぜる。

おぼんde ひと工夫

（a）じゃがいもは蒸すと水分
が閉じ込められ、甘みが引き出
されて劇的においしくなります!

枝豆とひじきのポテトサラダ

枝豆で色鮮やか！　五穀のプチプチした食感も楽しめます

材料（作りやすい分量）

ベースのポテトサラダ ……………………………全量
しょうゆ ……………………………………………小さじ1
五穀ひじき混ぜごはんの素（P.68参照）……15g
枝豆（さやなし・ゆで）……………………………30g

作り方

ベースのポテトサラダに、すべての材料を加え
て混ぜる。

とうもろこしとツナのポテトサラダ

ツナで食べごたえ＆たんぱく質がアップ！

材料（作りやすい分量）
ベースのポテトサラダ ……………………全量
しょうゆ ……………………………… 小さじ1/2
コーンポタージュスープの素（粉末）…… 小さじ1
コーン缶（ホール）…………………………30g
ツナ缶 ……………………………………30g
ブラックペッパー …………………………少々

作り方
ベースのポテトサラダに、すべての材料を加えて混ぜる。

コンビーフのカレーポテトサラダ

パンとの相性抜群。サンドイッチにもおすすめです

材料（作りやすい分量）
ベースのポテトサラダ ……………………全量
カレー粉 ……………………………… 小さじ1/2
しょうゆ ……………………………… 小さじ1/2
コンビーフ …………………………………20g
ゆで卵（12分ゆで・粗みじん）………………2個
フライドオニオン …………………………15g
ブラックペッパー …………………………少々

作り方
ベースのポテトサラダに、すべての材料を加えて混ぜる。

明太ポテトサラダ

明太子のピリ辛と青じその香りが食欲を刺激！

材料（作りやすい分量）
ベースのポテトサラダ ……………………全量
辛子明太子 ………………… 小1/2本（20g）
ブロッコリー（ゆで）………………………60g
ゆで卵（12分ゆで・粗みじん）………………2個
青じそ（みじん切り）………………………2枚

作り方
ベースのポテトサラダに、切れ目を入れて薄皮からこそげ出した明太子と小さめの小房に分けたブロッコリー、ゆで卵、青じそを加えて混ぜる。

ブロッコリーとおかかのポテトサラダ

しょうゆとかつお節を先に混ぜてから加えるのがコツ

材料（作りやすい分量）
ベースのポテトサラダ ……………………全量
A
｜ しょうゆ ………………… 小さじ1と1/2
｜ かつお節 …………………………………4g
ブロッコリー（ゆで）………………………60g

作り方
ベースのポテトサラダに、Aと小さめの小房に分けたブロッコリーを加えて混ぜる。

おぼんdeごはんの
人気の味が家庭で楽しめる！

おぼんde ごはんで使用しているドレッシングや、だし茶漬けのだしなどは店舗で購入可能。
いつものサラダやごはんにプラスするだけで、おぼんde ごはんを味わえます。

おぼんdeごはん
すりおろし野菜ドレッシング
（300㎖ ）

にんじんや玉ねぎなどたっぷりの野菜のすりおろしに、にんにくをきかせました。生野菜をいくらでも食べられると、大人気のドレッシングです。お肉やお魚料理のアレンジなど、サラダ以外でも使い勝手抜群！

おぼんdeごはん
五穀ひじき混ぜごはんの素
（25g）

うるちひえ、キヌア、もちあわ、煎り米、えん麦の5つの穀物に、白ごまとほんのり甘く味つけしたひじきをブレンド。温かいごはんに混ぜるだけで、お店で食べる五穀ひじきごはんに早変わりします。

えん
だし茶漬屋の出汁
（295㎖）

おぼんde ごはんのだし茶漬けは、系列店「だし茶漬け えん」のだしを使っています。昆布といりこ、かつお節、宗田節、さば節でだしをとり、鶏がらスープを加えた極上の旨みとおいしさのオリジナルだしです。

一品でごはんもおかずもまかなえるどんぶりは、
忙しいときのお役立ちメニュー。
おいしさと栄養バランスを兼ね備えた、4品をご紹介します。
そして、だし茶漬けは、最初は「どんぶりもの」として、
途中でおだしをかけて「だし茶漬け」にしてダブルで楽しめます。
海鮮を使った3品をピックアップしました。

ささっと作って食べる
どんぶり & だし茶漬け

定番

牛焼肉丼 とろろ添え

ジューシーな焼き肉とふわふわのとろろ。
おいしさもスタミナも満点の組み合わせです！

材料（2人分）

牛肉（焼き肉用） ……………200g

A（焼き肉用ソース）
- しょうゆ……… 大さじ1と1/2
- 酒…………… 大さじ1
- みりん………… 大さじ1
- 酢…………… 小さじ1
- 砂糖………… 大さじ1/2
- おろししょうが……… 小さじ2
- 大根おろし ……………40g

B（だしとろろ）
- 長いも（すりおろし）……80g
- めんつゆ（3倍濃縮）
  …………… 小さじ1

塩、こしょう…………各少々
サラダ油………………適量
ごはん………………400g
きざみのり、クレソン、水菜
……………………お好みで

作り方

1 鍋に**A**を入れ、煮立ったら火を止める。

2 **B**は混ぜ合わせる。

3 牛肉は軽く塩、こしょうをふり、フライパンに油を熱し、強火で両面をさっと焼く。**1**の焼き肉用ソースを加え、ひと煮立ちさせたらすぐに火を止める。

4 器にごはんを盛り、あればきざみのりをふって**3**の牛肉をのせる。上からフライパンに残ったソースをかける。

5 お好みでクレソン、水菜を添える。食べるときに**2**のだしとろろをかける。

おぼん de ひと工夫

肉の焼きすぎに注意。両面をさっと焼いたら、ソースを加えてすぐに火を止めます。

国産牛肩ロースの焼肉丼 とろろ添え

旨みが強い国産牛肩ロース肉の芯を使用。当初はステーキ丼でしたが、食べやすい焼き肉丼に変更しました。

（1人分）**808** kcal

たんぱく質 20.6g
脂質 　　 43.2g
糖質 　　 85.9g
食物繊維 　5.1g
食塩相当量 2.7g

復刻

牛焼肉とサーモンハラスの
かば焼き丼

焼き肉丼とサーモンのかば焼き丼をコラボ。
混ぜたり温泉卵をくずしたり、ひと皿で幾通りもの味を楽しめます

材料（2人分）

牛バラ肉	120g
サーモンハラス	100g
玉ねぎ	30g

A（焼き肉用ソース）

しょうゆ	大さじ1と1/2
酒	大さじ1
みりん	大さじ1
酢	小さじ1
砂糖	大さじ1/2
おろししょうが	小さじ2
大根おろし	40g

B（かば焼きのたれ）

しょうゆ	大さじ2
みりん	大さじ2
酒	大さじ2
砂糖	小さじ1

サラダ油	適量
ごはん	400g
温泉卵	2個
きざみのり、ブロッコリー、 白いりごま	お好みで

作り方

1 牛肉は5cm幅に切る。サーモンハラスは食べやすい大きさに切る。玉ねぎは薄切りにする。

2 鍋にAを入れ、煮立ったら火を止める。

3 別の鍋にBを入れ、約2分煮つめる。

4 サーモンハラスは魚焼きグリルで3〜4分焼き、3のかば焼きのたれをぬってさらに約1分焼く（たれは残してOK）。

5 フライパンに油を熱し、牛肉と玉ねぎを入れて強火で炒める。2の焼き肉用ソースを加えて炒め合わせる。

6 器にごはんを盛り、あればきざみのりをふる。4のサーモンと5の牛肉を半々になるように盛り、サーモンには4で残ったかば焼きのたれを、牛肉には5のフライパンに残った焼き肉用ソースをそれぞれかける。中央に温泉卵をのせ、お好みでゆでたブロッコリーを添えてごまをふる。

おぼん de ひと工夫

やわらかいサーモンハラスは、焼いてから切るとくずれやすいので、切ってから焼きましょう。

（1人分）877 kcal

たんぱく質	33.9g
脂質	42.2g
糖質	87.3g
食物繊維	6.1g
食塩相当量	3.6g

おぼん de ごはん　国産牛焼肉とサーモンハラスのかば焼き丼

系列店「和食屋の惣菜えん」で「お肉とお魚を一度に楽しめる」と人気のどんぶりを、当店でもメニュー化しました！

ぷりぷり海老と生ホタテのたらこ炒め丼

えびとほたてでごちそう感満点!
たらこソースはごはんをかきこみたくなるおいしさです

材料（2人分）

むきえび	6尾	ブロッコリー	90g
ほたて貝柱（刺し身用）	10個	おろしにんにく	小さじ1
たらこ	小1本（40g）	おろししょうが	小さじ1
A		ごま油	大さじ1
鶏がらスープの素（顆粒）		バター	10g
	小さじ1	水溶き片栗粉	適量
砂糖	小さじ1	ごはん	400g
薄口しょうゆ		きざみのり	お好みで
	大さじ1と1/2		
酒	大さじ4		
水	180㎖		

作り方

1　たらこは包丁で切れ目を入れて薄皮からこそげ出し、**A**としっかり混ぜ合わせる。

2　ブロッコリーは小房に分けてゆでる。

3　フライパンにごま油を熱し、にんにく、しょうが、えび、ブロッコリーを入れて炒める。

4　えびに火が通ったら、**1**のたらこソースを加え、煮立ったらほたてとバターを加える。バターが溶けたら水溶き片栗粉をかき混ぜながら加えてとろみをつける。

5　器にごはんを盛り、あればきざみのりをふって**4**をかける。

※たらこは、種類によって塩分が変わります。味をみながら、しょうゆの量を調整しましょう。

おぼん de ひと工夫

ほたては火を入れすぎるとかたくなり、風味も落ちます。半生の状態で仕上げるのがポイントです。

 **ぷりぷり海老と北海ホタテのたらこ炒め丼**

中華丼のおぼんdeごはんバージョンを作ろうとメニューを開発。試行錯誤して作ったたらこソースが自慢の一品です。

（1人分） 656 kcal	
たんぱく質	46.3g
脂質	12.6g
糖質	83.7g
食物繊維	5.9g
食塩相当量	4.4g

釜あげしらすのオムライス
お出汁あん

ふわふわオムレツととろ〜りお出汁あんは、
やさしいおいしさの最強タッグ！

材料（2人分）

釜揚げしらす …………………30g

A（お出汁あん）
　だし茶漬屋の出汁（P.68参照）
　…………………………30㎖
　水………………………180㎖
　水溶き片栗粉 …………適量
卵…………………………4個

B
　だし……………………120㎖
　みりん ………………小さじ2
　薄口しょうゆ …………小さじ2
　青じそ（細切り）………2枚
サラダ油 …………………適量
ごはん ……………………400g
きざみのり、三つ葉（ザク切り）
　…………………………適量

作り方

1　**A**のだし茶漬屋の出汁と水を鍋に入れて煮立たせ、水溶き片栗粉をかき混ぜながら加えてとろみをつける。

2　ボウルに卵を割りほぐし、しらすと**B**を加えて混ぜ合わせる。

3　フライパンに多めの油を熱し、**2**を入れてオムレツを作る。

4　器にごはんを盛ってきざみのりをふり、**3**のオムレツをのせる。上から**1**のお出汁あんをかけ、三つ葉をのせる。

おぼんdeひと工夫

オムレツは形がくずれても問題ありません。とろとろの半熟オムレツにするのもおすすめ！

「だし茶漬屋の出汁」を使わない場合は…

材料（作りやすい分量）

かつお出汁 ……………600㎖
白しょうゆ ……………大さじ1
薄口しょうゆ ………小さじ1
みりん…………………小さじ1
酒………………………大さじ1
鶏がらスープの素（顆粒）
　…………………………小さじ2

このおだしを使う場合は、**A**のお出汁あんの「だし茶漬屋の出汁＋水」の分量（210㎖）を置き換えてください。

おぼんdeごはん 釜あげしらすといくらのオムライス
お出汁あん

オリジナルのオムライスを作ろうとメニューを開発。お出汁あんをかけた和風オムライスにたどり着きました。

（1人分）**580 kcal**
たんぱく質　23.5g
脂質　　　　18.8g
糖質　　　　78.1g
食物繊維　　3.5g
食塩相当量　3.7g

鯛だし茶漬け

カシューナッツの香ばしさをプラスした
濃厚ごまだれが美味！

材料（2人分）

真鯛（刺し身用）‥‥‥‥‥‥100g
カシューナッツ‥‥‥‥‥‥‥20g
A（ごまだれ）
　白練りごま‥‥‥‥‥‥大さじ1
　白すりごま‥‥‥‥‥‥大さじ1
　しょうゆ‥‥‥‥大さじ1と1/2
　みりん‥‥‥‥‥‥‥‥大さじ1
　砂糖‥‥‥‥‥‥‥‥‥小さじ1

B（おだし）
　だし茶漬屋の出汁（P.68参照）
　‥‥‥‥‥‥‥‥‥‥‥45㎖
　水‥‥‥‥‥‥‥‥‥‥450㎖
ごはん‥‥‥‥‥‥‥‥‥‥400g
きざみのり、三つ葉（ザク切り）
　‥‥‥‥‥‥‥‥‥‥‥‥適量

作り方

1　鯛は食べやすい大きさに
　切る。

2　ポリ袋にカシューナッツ
　を入れ、めん棒などでた
　たいてこまかく砕き、**A**
　と混ぜ合わせる。

3　鍋に**B**を入れて火にかけ、
　煮立ったら火を止めて急
　須やポットに移す。

4　器に**1**の鯛を盛り、**2**の
　ごまだれをかける。ごは
　んを盛り、**3**のおだし、
　きざみのり、三つ葉を添
　える。

おぼん de ひと工夫

まずは鯛はそのまま食べましょう。
次にごはんにのせ、おだしをか
けてお茶漬けにしてお召し上が
りください。

おぼん de ごはん

真鯛の胡麻ダレだし茶漬け

どんぶり、お茶漬けの両
方でお楽しみいただける
「おぼんdeだし茶漬け」
シリーズの中でも、大人
気のメニューです。

（1人分）	569 kcal
たんぱく質	22.2g
脂質	15.5g
糖質	83.4g
食物繊維	5.5g
食塩相当量	4.9g

定番

漬け鮪と山形だしのだし茶漬け

ダブルの"だし"が
おいしさの決め手！

材料（2人分）

まぐろ（刺し身用）…………100g
A（漬け地）
　しょうゆ…………………大さじ2
　酒……………………………大さじ1
　みりん……………………大さじ1
B（おだし）
　だし茶漬屋の出汁（P.68参照）
　……………………………45㎖
　水……………………………450㎖
ごはん……………………………400g
きざみのり、三つ葉（ザク切り）、
　山形だし（市販）…………適量
白いりごま………………お好みで

作り方

1　まぐろは食べやすい大き
　さに切り、Aを合わせた
　漬け地に約15分漬ける。

2　鍋にBを入れて火にかけ、
　煮立ったら火を止めて急
　須やポットに移す。

3　器にごはんを盛ってきざ
　みのりをふり、1をのせ
　て三つ葉を飾り、お好み
　でごまをふる。2のおだ
　しと山形だしを添える。

おぼん de ひと工夫

まずは山形だしをのせたまぐろ丼
として、次におだしをかけてお茶
漬けとしてお召し上がりください。

（1人分）	419 kcal
たんぱく質	20.9g
脂質	1.5g
糖質	78.6g
食物繊維	3.4g
食塩相当量	5.0g

「山形だし」とは？

　「山形だし」は、きゅうりや
なす、青じそ、みょうがなど
の夏野菜をこまかくきざんで、
だしやしょうゆなどであえた
山形県の郷土料理です。

おぼん de ごはん 漬け鮪と山形だしの
だし茶漬け

使用している「だし茶漬
屋の出汁」は、昆布とい
りこ、かつお節、宗田節、
さば節、鶏がらスープを
使っています。

 定番

海鮮ひつまぶし風だし茶漬け

漬けにしたお刺し身は、味がしみてねっとり濃厚！

材料（2人分）

真鯛（刺し身用） ……………… 40g
まぐろ（刺し身用） …………… 40g
サーモン（刺し身用） ………… 40g
A（漬け地）
　しょうゆ …………… 大さじ4
　酒 ………………… 大さじ2
　みりん …………… 大さじ2
B（おだし）
　だし茶漬屋の出汁（P.68参照）
　……………………… 45㎖
　水 ………………… 450㎖
ごはん ……………………… 400g
釜揚げしらす ……………… 30g
いくらしょうゆ漬け ……… 30g
きざみのり、三つ葉（ザク切り）
　…………………………… 適量

作り方

1　鯛、まぐろ、サーモンは食べやすい大きさに切る。

2　Aは混ぜ合わせてボウルに3つに分け、1をそれぞれ入れて約10分漬ける。

3　鍋にBを入れて火にかけ、煮立ったら火を止めて急須やポットに移す。

4　器にごはんを盛ってきざみのりをふり、2をのせる。中央にしらすをのせ、いくらしょう油漬けを散らして三つ葉を添える。3のおだし、きざみのり、三つ葉を添える。

おぼん de ひと工夫

まずは海鮮丼として、次におだしをかけてお茶漬けとしてお召し上がりください。

（1人分）	517 kcal
たんぱく質	28.9g
脂質	8.1g
糖質	80.1g
食物繊維	3.4g
食塩相当量	6.1g

おぼん de ごはん　海鮮ひつまぶし風だし茶漬け

オリジナルだしの奥深い味わいをお楽しみください。お店では三つ葉、あられ、のりを薬味としてご用意しています。

食後に、カフェタイムに

おぼんdeごはんの和スイーツ！

生地にそば粉を使うと、和の雰囲気漂う香ばしいクレープになります。
あずきとベリー、2種類の味わいをご提案！

そば粉のクレープ（生地）

そば粉の香り立つ甘さ控えめのクレープ生地

材料（約3枚分）

卵	1個
牛乳	230㎖
A	
小麦粉	35g
そば粉	35g
砂糖	小さじ1
塩	ひとつまみ
バター	10g
バター（焼き用）	適量

作り方

1　ボウルに卵を割り入れてしっかり溶き、牛乳を何回かに分けて少しずつ加えて混ぜる。

2　別のボウルに**A**を入れて混ぜ、真ん中に少しずつ**1**を加えながら、泡立て器で混ぜ合わせる。最後に、電子レンジで加熱して溶かしたバターを加え、泡立て器でしっかり混ぜ合わせる。

3　フライパンにバターを熱し、**2**の1/3量を流し込む。フライパンを傾けて全体に広げ、片面を焼き目がつくくらいこんがり焼いて取り出す。残りも同じように焼く。

生地が薄いので、片面をこんがり焼けば、ひっくり返さなくてOK。しっかり火が通ります。

そば粉のクレープ **あずきばなな**

抹茶アイスと黒蜜きなこで和テイスト満載に！

材料（1人分）

そば粉のクレープ	1枚
抹茶アイス（市販）	適量
ゆであずき（市販）	30g
バナナ（乱切り）	1/2本
ホイップクリーム	適量
黒蜜	大さじ1
きな粉	少々

（復刻）そば粉のクレープ **ベリーベリー**

いちごアイスやホイップクリームはもちもちの生地と相性抜群！

材料（1人分）

そば粉のクレープ	1枚
いちごアイス（市販）	適量
カスタードクリーム（市販）	30g
ホイップクリーム	適量
いちご（半分に切る）	2粒
ブルーベリー	5粒
いちごソース（市販）	大さじ1
粉糖	少々
ミント	お好みで

お子さまからご年配の方まで、幅広いお客さまに人気が高い
おぼん de ごはんのうどんメニュー。
ご家庭で作るときは、冷凍うどんを使うのが手軽でおすすめです。
レンチンでもしっかりおいしく調理できるので、
忙しく時間がないときにもぴったり！
定番メニュー＆今はお店で食べられない復刻メニュー計7品をご紹介します。

からだにやさしいごちそううどん

定番

胡麻ダレつけうどん

コク深い濃厚なごまだれが
うどんによくからみます

材料（2人分）

冷凍うどん……………………… 2玉
A（胡麻ダレ）
　白練りごま……………… 大さじ3
　しょうゆ……………… 大さじ1
　みりん……………… 大さじ1
　白すりごま……………… 大さじ1
　砂糖……………… 小さじ1
　めんつゆ（3倍濃縮）
　……………… 大さじ1
　だし……………… 100㎖
三つ葉（3㎝長さ）、かつお粉
……………………………… 適量

（1人分）	503 kcal
たんぱく質	14.9g
脂質	19.4g
糖質	65.3g
食物繊維	3.5g
食塩相当量	3.1g

作り方

1　鍋にAを入れ、混ぜなが
　ら火にかける。煮立った
　ら火を止め、そのまま冷
　ます。
2　うどんは表示通りにゆで、
　氷水で冷やし、ざるにあ
　げて水けをきる。
3　器に1の胡麻ダレを盛り、
　三つ葉とかつお粉を添え
　る。

濃厚胡麻ダレつけうどん

2024年にリニューアル。
これまでより練りごまの
比率を高めることで、胡
麻ダレをさらに濃厚に、
コク深く仕上げました。

釜揚げしらすの明太バターうどん

バターと明太子のピリ辛が絶妙にマッチ！
もちもち麺にしっかりからみます

材料 (2人分)

釜揚げしらす	……	60g
水菜	……	30g
トマト	……	1/4個
辛子明太子	……	小2本 (80g)
バター	……	20g
A		
水	……	大さじ2
めんつゆ (3倍濃縮)	……	小さじ2
オリーブ油	……	大さじ1
冷凍うどん	……	2玉
きざみのり	……	適量

作り方

1 水菜は3cm長さに切り、トマトは乱切りにする。

2 辛子明太子は包丁で切れ目を入れて薄皮からこそげ出し、電子レンジで加熱して溶かしたバターとAを混ぜ合わせる。

3 うどんは表示通りにゆでて湯ぎりし、温かいうちに2の明太バターと混ぜ合わせる (a)。器にうどんを盛り、1の野菜、釜揚げしらす、きざみのりをのせる。

おぼん de ひと工夫

（a）うどんが温かいうちに混ぜ合わせると、明太バターとよくからみます。

(1人分)	475 kcal
たんぱく質	22.0g
脂質	17.2g
糖質	59.3g
食物繊維	1.0g
食塩相当量	4.5g

おぼん de ごはん

釜揚げしらすの明太バターうどん

パスタ感覚で食べられるうどんを目指し、メニューを開発。辛子明太子としらすで和風テイストにまとめました。

梅豚うどん

豚肉がしっとりジューシー。
梅干しの酸味でさっぱりするする食べられます

材料(2人分)

ベースのうどんだし(下記参照)	2人分
豚ロース薄切り肉	120g
小麦粉	適量
冷凍うどん	2玉
梅干し(種を取る)	2個
わかめ、こねぎ(小口切り)	適量

作り方

1 ベースのうどんだしを作る。
2 うどんは表示通りにゆでて湯ぎりする。
3 豚肉は小麦粉を薄くまぶす。鍋に**1**のうどんだしを入れて煮立たせ、豚肉を入れて色が変わったら火を止める。
4 器にうどんを盛り、**3**のうどんだしをかけて豚肉をのせ、梅干し、わかめ、こねぎを添える。

おぼん de ひと工夫

豚肉は小麦粉のつけすぎとゆですぎに注意。余分な小麦粉はしっかり落とし、ゆでるときは色が変わったらすぐ火を止めると、やわらかく仕上がります。

ベースのうどんだし

材料(2人分)

だし	600㎖
白しょうゆ	大さじ2
薄口しょうゆ	大さじ1と1/3
みりん	小さじ1
酒	大さじ1
砂糖	小さじ2
鶏がらスープの素(顆粒)	小さじ2

作り方

鍋に材料をすべて入れて火にかけ、煮立ったら火を止める。

おぼん de ごはん

梅豚うどん

2008年開業当時にご提供。小麦粉と塩、水だけで作ったオリジナル麺のおいしさが際立つ、シンプルな一品です。

(1人分) **395 kcal**

たんぱく質	18.9g
脂質	12.6g
糖質	50.6g
食物繊維	3.6g
食塩相当量	4.8g

あさりとクレソンのあっさりうどん

あさりとおだしの旨みが溶け合ったスープが最高。
クレソンが薬味のようなアクセントに！

材料(2人分)

ベースのうどんだし(P.87参照) ……… 2人分
あさり(殻つき) ………………………… 100g
クレソン ……………………………………… 40g
ごま油 ……………………………………… 大さじ1
酒 …………………………………………… 大さじ4
冷凍うどん ………………………………… 2玉

作り方

1　ベースのうどんだしを作る。
2　あさりは砂抜きしておく。クレソンは2cm長さに切る。
3　鍋にごま油とあさりを入れて火にかけ、酒を加えてふたをする。あさりの口が開き始めたら1を入れ、煮立ったら火を止める。
4　うどんは表示通りにゆでて湯ぎりする。器にうどんを盛り、3をかけてクレソンを散らす。

おぼん de ひと工夫

あさりの塩分が強いときは、味をみながらだしで薄めて調整しましょう。

あさりとクレソンのあっさりうどん

シンプルでもコクがある秘訣は、ごま油を使った大粒あさりの酒蒸し。あさりのだしがきいた創作うどんです。

(1人分)	316 kcal
たんぱく質	8.1g
脂質	7.0g
糖質	47.7g
食物繊維	3.1g
食塩相当量	4.1g

復刻

ぷりぷり海老と生海苔の
アンチョビクリームうどん

アンチョビをきかせたクリームだしと
磯の風味豊かなあおさのりが相性抜群です

材料 (2人分)

むきえび	10尾
ほたて貝柱 (刺し身用)	6個
アンチョビ (フィレ)	6枚 (16g)
オリーブ油	大さじ1
おろしにんにく	小さじ1
A (クリームだし)	
生クリーム	200㎖
だし	250㎖
白しょうゆ	大さじ1
鶏がらスープの素 (顆粒)	
	小さじ1と1/2
冷凍うどん	2玉
あおさのり (生)	大さじ1 (30g)
こねぎ (小口切り)	適量

作り方

1　アンチョビはこまかくきざむ。

2　鍋にオリーブ油を熱し、にんにく、アンチョビを入れて、香りが立つまで炒める。えびとほたてを加えて火が通ったら、Aを混ぜ合わせて加え、煮立たせる。

3　うどんは表示通りにゆでて湯ぎりする。器にうどんを盛り、2をかけて、あおさのりとこねぎをのせる。

おぼん de ひと工夫

生のあおさのりが手に入らなければ、わかめや乾燥あおさでも代用できます。

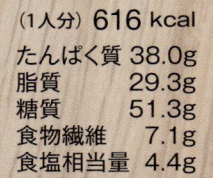 おぼん de ごはん

ぷりぷり海老と生海苔の アンチョビクリームうどん

えびやほたてをたっぷり使用。磯の香りがきいたパスタ感覚のうどんは、女性のお客さまに人気でした。

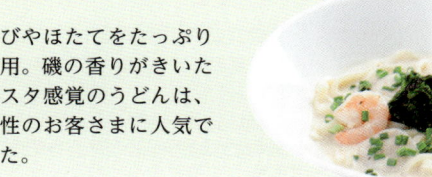

(1人分) 616 kcal	
たんぱく質	38.0g
脂質	29.3g
糖質	51.3g
食物繊維	7.1g
食塩相当量	4.4g

柚子おろしの牛肉うどん

しっかりコクのある牛肉煮に
さっぱりゆずおろしがよく合います

材料(2人分)

ベースのうどんだし(P.87参照)
‥‥‥‥‥‥‥‥‥‥‥2人分
牛バラ肉 ‥‥‥‥‥‥‥‥200g
ゆず ‥‥‥‥‥‥‥‥‥‥1個
大根おろし ‥‥‥‥‥‥‥50g
A
　水 ‥‥‥‥‥‥‥‥‥450㎖
　薄口しょうゆ ‥‥‥‥大さじ1

鶏がらスープの素(顆粒)
‥‥‥‥‥‥‥大さじ1と1/2
おろししょうが ‥‥‥小さじ2
冷凍うどん ‥‥‥‥‥‥2玉
こねぎ(小口切り) ‥‥‥‥適量

作り方

1　ベースのうどんだしを作る。

2　ゆずは皮を薄くむき、皮はせん切りにし、実は半分に切って果汁をしぼり、種を取り除く。果汁と大根おろしを合わせる。

3　牛肉は5cm長さに切る。鍋に**A**を入れて煮立たせ、牛肉をほぐしながら加える。再び煮立ったらあくを取り、弱火で約2分煮て火を止める(a)。

4　うどんは表示通りにゆでて湯ぎりする。器にうどんを盛り、**1**のうどんだしと**3**の煮汁(1人分大さじ2)をかけ、牛肉煮、**2**のゆず大根おろし、ゆずの皮、こねぎをのせる。

おぼん de ひと工夫

(a) 牛肉煮は一度冷ますと、味がしっかりと入ります。時間に余裕があれば、あらかじめ作っておくのがおすすめです。

 **柚子おろしの牛肉うどん**

系列店「肉うどん えん」の肉うどんをアレンジ。柚子おろしを加えたことが、おぼんdeごはんのこだわりです。

（1人分）	625 kcal
たんぱく質	20.3g
脂質	40.4g
糖質	49.7g
食物繊維	4.5g
食塩相当量	6.2g

復刻

蒸し鶏と青菜の胡麻ダレうどん

たんぱく質も野菜もとれる
何度もリピートしたくなる冷やしうどん

材料（2人分）

蒸し鶏	100g
青菜（小松菜など）	100g
トマト	1/4個
長ねぎ	1/3本（20g）
こねぎ	適量
A（豆乳胡麻ダレ）	
白練りごま	大さじ3
白すりごま	大さじ1
しょうゆ	大さじ1
みりん	大さじ1
めんつゆ（3倍濃縮）	大さじ2
無調整豆乳	200㎖
砂糖	小さじ1
おろししょうが	小さじ1
冷凍うどん	2玉
白いりごま	適量

作り方

1　蒸し鶏は食べやすい大きさにほぐす。

2　青菜はゆでて3cm長さに切る。トマトは乱切り、長ねぎは斜め薄切り、こねぎは小口切りにする。

3　鍋に**A**を入れて火にかけ、煮立ったら火を止めてそのまま冷ます。

4　うどんは表示通りにゆで、氷水で冷やし、ざるにあげて水をきる。

5　器にうどんを盛り、**3**の豆乳胡麻ダレをかけ、蒸し鶏と**2**の野菜をのせ、ごまをふる。

おぼん de ひと工夫

「豆乳胡麻ダレ」はグツグツ煮続けると分離してしまいます。ポコポコと煮立ってきたら、すぐ火を止めましょう。

おぼん de ごはん

蒸し鶏と青菜の胡麻ダレうどん

コクがありながらさっぱりとした味わいのたれを研究。豆乳を使うことで、求めていた味が実現しました。

（1人分） 612 kcal	
たんぱく質	28.7g
脂質	30.1g
糖質	55.5g
食物繊維	8.7g
食塩相当量	4.1g

STAFF

- 製作協力　　　　株式会社ビー・ワイ・オー
　　　　　　　　　中田美由紀
　　　　　　　　　松浦由巳
　　　　　　　　　西村郁花
- 編集　　　　　　スタジオパラム
　　　　　　　　　島上絹子
　　　　　　　　　小田慎一
- 取材・文　　　　及川愛子
- 撮影　　　　　　沼田和彦
- スタイリング　　山田晶子（どなプリ）
- デザイン ＆ DTP　スタジオパラム
- 栄養価計算　　　小嶋絵美（Love Table Labo.）
- 校正　　　　　　東京出版サービスセンター
- 編集統括　　　　田中悠香（ワニブックス）

著　者　　株式会社ビー・ワイ・オー　おぼんdeごはん

おぼんdeごはん　公式おうちレシピ

2024年12月1日　初版発行
2025年 6 月1日　 3版発行

発行者　髙橋明男
発行所　株式会社ワニブックス
　　　　〒150-8482
　　　　東京都渋谷区恵比寿4-4-9　えびす大黒ビル
ワニブックスHP　http://www.wani.co.jp/

（お問い合わせはメールで受け付けております。HPより「お問い合わせ」
へお進みください。※内容によりましてはお答えできない場合がございます）

印刷所　TOPPANクロレ株式会社
製本所　ナショナル製本